Peter Rüfenacht

BASELBIETER CHUCHI 2

Meinen lieben Eltern

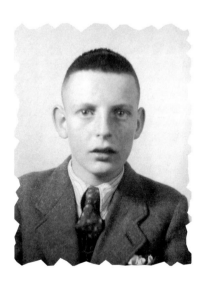

© by Peter Rüfenacht

Erschienen 2002 im
Eigenverlag von Peter Rüfenacht, Reinach
Satz und Druck: Dietschi AG, Waldenburg
Bucheinband: Grollimund AG, Reinach

ISBN 3-905404-27-3

Vorwort

Seit vier Jahren schlummerte in mir die Idee, einen zweiten Band der Baselbieter Chuchi zu schreiben. Das Echo der Leser und Anwender des ersten Teils war toll. Leute aus allen Altersgruppen hatten viel Freude daran, und ich bekam stets nur Gutes zu hören. Ich wurde oft gefragt, ob denn einmal eine Fortsetzung erscheint oder ob ich ein neues Kochbuch schreibe. All dies hat mich motiviert, diesen zweiten Band der Baselbieter Chuchi zu schreiben. Nun, fünf Jahre nach dem ersten Teil ist es endlich so weit. Alte und neue Rezepte aus dem Baselbiet, nach der jeweiligen Saison aufgeteilt, welche unseren schönen Kanton auf dem Teller widerspiegeln sollen. Meist wurde früher die einfache währschafte Küche geschätzt. Günstige Lebensmittel aus dem eigenen Garten oder der freien Natur wurden bevorzugt. Nicht jede Familie hatte genug Geld, um auf dem Markt teure Sachen für sich und die Kinder zu kaufen. Und doch ist aus all den Kindern etwas geworden.

Gerne höre ich meinem Vater zu, wenn er erzählt, was sie als Kinder zu essen bekamen und wenn er von diesen Gerichten schwärmt. Oft ist das Einfache mit Liebe zubereitet mehr als ein 5-Gang-Menü. Ich hoffe, dieses Buch zeigt auch, dass mit einfachen Sachen auch heute noch grosse Freude gemacht werden kann. Die «guten alten Zeiten» sollen ein Stück weit in diesem Buch weiterleben und uns ein anderes Stück Baselbiet zeigen. Mit den wundervollen Gedichten des verstorbenen Baselbieter Dichters Hans Gysin und den Bleistiftzeichnungen von Peter Ettlin können Sie noch mehr Baselbiet erleben und geniessen.

Viel Freude dabei

Ihr Peter Rüfenacht

Ein herzliches Dankeschön an alle, die mir geholfen haben, dieses Buch zu verwirklichen. Ganz speziellen Dank meiner Familie und meiner Freundin Caroline, welche die vielen Rezepte ausprobieren und kochen durften und mir stets geholfen haben. Weiter danke ich Walter Schaub, dem Schwiegersohn von Hans Gysin, der es mir erlaubte, die wundervollen Gedichte zu verwenden, und Peter Ettlin, von welchem die schönen Bilder stammen. Auch allen Leuten, die mir alte Rezepte gegeben haben, gilt mein Dank. Ohne die Unterstützung des Lotteriefonds Baselland wäre die Realisation der Baselbieter Chuchi 2 nicht möglich gewesen, vielen Dank.

Und der grösste Dank gebührt Ihnen, liebe Leserinnen und Leser. Ich hoffe, Sie werden mit viel Freude und Spass dieses Buch lesen und die Rezepte ausprobieren.

Das Ländli isch so früntli, wenn alles grüent und blüeht.

Drum hei mir au kei Land so lieb wie euser Baselbiet.

Giib is:

Chinderauge, wo no Wunder gsäje!
Chinderlippe, wo nid d Woort vrdräje!
Chinderoore, wo dys Rüefe ghööre!
Chindersinn, wo si nid lot vrstööre!
Chinderfüess, wo no dr Häimet strääbe!
Chinderhänd, wo häärzlig gäärn no gääbe!
Chinderhäärz, wo vo dr Liebi lääbe!

Föhre ob Ruine Ryfenstein
Reigoldswil

T. Ettlin
95

Erbsensuppe

250 g trockene Erbsen
1 grosse Zwiebel
250 g Kartoffeln
100 g Sellerie
200 g Karotten
1 Stange Lauch
2,5 Liter Wasser
1 Lorbeerblatt
Salz, Pfeffer
1 Bund Schnittlauch
1 EL Butter

Die getrockneten Erbsen über Nacht in kaltem Wasser einweichen. Danach in einem Topf mit 2,5 Liter frischem Wasser zum Kochen bringen. Den sich bildenden Schaum sorgfältig abschöpfen. Die Erbsen auf schwacher Hitze 1 Stunde kochen lassen. Währenddessen die Gemüse gut waschen und ungeschält in kleine, gleichmässige Würfel schneiden. Die Kartoffeln waschen, schälen und ebenfalls in Würfel schneiden. Die Zwiebel schälen und fein hacken. Die Butter in einer Bratpfanne erhitzen und die Zwiebel glasig dünsten, das restliche Gemüse auch beigeben und kurz mitdünsten. Alles den kochenden Erbsen beigeben, auch das Lorbeerblatt und die Kartoffeln und nochmals 30 Minuten kochen lassen. Danach das Lorbeerblatt entfernen und alles durch ein Sieb drücken oder mit Hilfe eines Mixers pürieren. Anschliessend durch ein Sieb passieren. Die Erbsensuppe nochmals aufkochen und mit Salz und Pfeffer abschmecken. Wenn nötig mit etwas Milch verdünnen. Den Schnittlauch fein schneiden und darüber streuen. Mit den Erbsen können auch Fleischstücke mitgekocht werden (z. B. Siedfleisch).

Weisskohl mit Speck

1 Kohlkopf
100 g Kochspeck
1 Zwiebel
2 Knoblauchzehen
Salz und Pfeffer
wenig Muskatnuss
20 g Butter
10 g Weissmehl
5 dl Bouillon

Den Kohlkopf von schlechten Blättern befreien. Danach bei den grossen, äusseren Blättern die Rippen wegschneiden und den Kohl in gleichmässige Würfel schneiden. Den Kochspeck in feine Streifen schneiden. Die Zwiebel und den Knoblauch schälen und fein hacken. Anschliessend die Butter in einem Kochtopf erhitzen und darin den Speck hellbraun anbraten. Zwiebel und Knoblauch zugeben und glasig mitdünsten. Den geschnittenen Kohl zugeben und mitdünsten. Mit Salz, Pfeffer und wenig gemahlener Muskatnuss würzen. Das Mehl darüber stäuben und gut untermischen. Mit der Bouillon auffüllen und zugedeckt 20 Minuten kochen lassen. Ein währschaftes Abendessen für kalte Tage. Dazu einige Kartoffeln kochen.

Boskoop-Gratin

1 kg Boskoop-Äpfel
2 dl Apfelsaft
100 g Zucker
75 g gemahlene Haselnüsse
1 Zitrone
4 Eier

Die Boskoop-Äpfel schälen, vierteln und das Kerngehäuse entfernen. Es können auch andere säuerliche Apfelsorten verwendet werden. Die Apfelviertel in gleichmässige Würfel schneiden und zusammen mit dem Apfelsaft und dem Zucker in einer Pfanne weich kochen. Den Apfelkompott erkalten lassen. Die Eier in Eigelb und Eiweiss trennen. Anschliessend die abgeriebene Zitronenschale, die gemahlenen Haselnüsse und die Eigelbe unter den Kompott mischen. Das Eiweiss mit dem Schwingbesen steif schlagen und ebenfalls vorsichtig darunterziehen. Die Masse in eine gebutterte Auflaufform füllen und im vorgeheizten Ofen bei 170 Grad 35 Minuten backen. Vor dem Servieren nach Belieben mit Staubzucker bestäuben.

Januar

Äpfel im Schnee

750 g Boskoop-Äpfel
70 g Butter
150 g Zucker
100 g Aprikosenkonfitüre
4 Eiweiss
2 EL gehobelte Mandeln

Die Äpfel waschen und das Kerngehäuse herausstechen. Danach in feine Spalten schneiden. Die Butter erhitzen, 100 g Zucker zugeben und diesen leicht braun rösten. Die Apfelspalten und die Aprikosenkonfitüre zugeben. Die Spalten darin weich dünsten und mit dem Saft in eine Gratinform füllen. Das Eiweiss mit dem restlichen Zucker zu Schnee schlagen und über die Apfelspalten verteilen. Die gehobelten Mandeln über den Eischnee streuen und das Ganze in der oberen Hälfte des Backofens bei 220 Grad kurz hellbraun backen. Nach Belieben mit Staubzucker bestäuben und warm servieren.

S Gwitter

S duet dunnere und wättere,
As alli Schybe tschättere
An öisem ganze Huus.
S duet we mit Chüble giesse
Und we mit Bumbe schiesse.
Es isch e woore Gruus!

Dr Chrieg het si vrzooge,
Scho glänzt e Friidesbooge
Hööch über Bäärg und Daal.
Lys duet no d Wulche gryne
Und d Sunn scho wiider schyne.
Und furt isch alli Qual.

Linsensuppe mit Rauchwurst

250 g getrocknete Linsen
1 Zwiebel
2 Knoblauchzehen
100 g Sellerie
100 g Rüebli
20 g Butter
10 g Weissmehl
2 Liter Bouillon
Salz, Pfeffer
1 Bund Schnittlauch
oder andere frische Kräuter

4 Baselbieter Rauchwürste

Die Linsen über Nacht in kaltem Wasser einlegen. Die Zwiebel und den Knoblauch schälen und fein hacken. Die Butter in einem Topf erhitzen und die Zwiebeln und den Knoblauch darin glasig dünsten. Die abgeschütteten Linsen zugeben und kurz mitdünsten. Mit dem Mehl bestäuben und mit der Bouillon auffüllen. Würzen und die Suppe, unter öfterem Rühren, 20 Minuten auf kleiner Hitze kochen lassen. Unterdessen den Sellerie und die Rüebli waschen, schälen und in kleine Würfeli schneiden. Nach 20 Minuten zur Suppe geben und diese nochmals 15 Minuten kochen lassen. Zuletzt die Würste hinzugeben und 10 Minuten in der Linsensuppe erhitzen, ohne sie kochen zu lassen. Anschliessend abschmecken und anrichten. Mit dem fein geschnittenen Schnittlauch bestreuen.

Lauchquiche mit Mohn

Teig:
200 g Weissmehl
100 g Butter
etwas Salz
0,75 dl Wasser

Füllung:
2 Lauchstangen
1 kleine Zwiebel
20 g Butter

Guss:
1,8 dl saurer Halbrahm
1 dl Milch
2 Eier
50 g Reibkäse
1 EL Mohnsamen
Salz, Pfeffer

Für den Teig das Mehl in eine Schüssel geben. Butter und Salz zugeben und zusammen mit dem Mehl zwischen den Handflächen verreiben. Danach das Wasser beifügen und alles zu einem glatten Teig kneten. Den fertigen Teig im Kühlschrank etwas ruhen lassen.
Den Lauch in dünne Rädchen schneiden und im kalten Wasser gut waschen. Im Sieb abtropfen lassen. Die Zwiebel schälen und fein hacken. Die Butter in einer Pfanne erhitzen und die gehackte Zwiebel mit den Lauchrädchen weich dünsten. Etwas auskühlen lassen.
Den Teig 2 mm dick auswallen. Ein Wähenblech mit Butter auspinseln und mit dem Teig auslegen. Den Boden mit einer Gabel einige Male einstechen und den gedünsteten Lauch darauf verteilen. Alle Zutaten für den Guss gut miteinander verrühren und über den Lauch giessen. Im vorgeheizten Ofen bei 180 Grad während 40 Minuten backen. Nach Belieben können der Quiche noch Speckwürfeli beigegeben werden.

Februar

Gelbe Rüben

500 g Gelbe Rüben (Gäälrüebe)
30 g Butter
20 g Weissmehl
1,5 dl Milch
1,5 dl Wasser
Salz, Pfeffer
etwas Muskatnuss
1 Sträusschen Petersilie

Die gewaschenen und geschälten Gelbrüben in gleichmässige Stäbchen schneiden. Anschliessend in siedendem Salzwasser knapp weich kochen und durch ein Sieb abschütten. Unterdessen die Butter in einer Pfanne erhitzen, das Mehl hineinstürzen und kurz anschwitzen. Mit dem Wasser ablöschen und die Milch beigeben. Unter ständigem Rühren aufkochen. Mit Salz, Pfeffer und wenig gemahlener Muskatnuss würzen. Die Sauce einige Minuten auf kleiner Hitze kochen lassen. Danach die gut abgetropften Rübenstäbchen beigeben und kurz aufkochen lassen. In einer Schüssel anrichten und mit fein gehackter Petersilie bestreuen. Die Sauce je nach Konsistenz etwas länger kochen lassen oder noch etwas mehr Milch zugeben.

Wirsing mit Speck

1 grosser Wirsing
1 Zwiebel
100 g Kochspeck
1 EL Butter
1 EL Weissmehl
5 dl Bouillon
wenig Wacholderbeeren
Salz und Pfeffer
500 g Kartoffeln

Den Wirsing waschen, vierteln und den Strunk herausschneiden. Danach den Wirsing in 2 cm grosse Würfel schneiden. Die Zwiebel schälen, halbieren und in Streifen schneiden. Die Butter in einem Kochtopf erhitzen und den würfelig geschnittenen Speck darin goldgelb anbraten. Die Zwiebel zugeben und ebenfalls glasig darin dünsten. Anschliessend den Wirsing zugeben und etwas mitdünsten. Würzen und mit Mehl bestäuben. Alles gut vermischen und mit der Bouillon auffüllen. Die Wacholderbeeren zugeben und zugedeckt 15 Minuten auf kleiner Hitze kochen lassen. Unterdessen die Kartoffeln waschen, schälen und in gleichmässige Würfel schneiden. Diese dem Wirsing beigeben und mitkochen bis sie gar sind. Abschmecken und in eine Schüssel anrichten. Anstelle der Wacholderbeeren können auch frische Kräuter verwendet werden.

Rübeneintopf

750 g weisse Rüben
500 g Kartoffeln
500 g Schweinsragout
1 Zwiebel
1 EL Erdnussöl
Salz und Pfeffer
5 dl Bouillon
2 Lorbeerblätter
1 Gewürznelke
Frischer Majoran

Die weissen Rüben werden gewaschen und geschält. Dann in gleichmässige Stäbchen geschnitten. Die Zwiebel schälen und hacken. Das Schweinsragout sollten Stücke von 30 g sein, welche leicht mit Fett durchzogen sind. Danach erhitzt man das Öl in einem Topf und brät das Fleisch allseitig hellbraun an. Die Zwiebeln zugeben und glasig mitdünsten. Dann die weissen Rübenstäbchen hineingeben und ebenfalls mitdünsten. Mit Salz und Pfeffer gut würzen und mit der Bouillon auffüllen. Lorbeerblätter und Nelke dazu geben und zugedeckt 1 Stunde leicht kochen lassen. Unterdessen die Kartoffeln waschen, schälen und ebenfalls in gleichmässige Stäbchen schneiden. Die Kartoffeln zu den Rüben geben und eventuell noch etwas Wasser zufügen. Das Ganze nochmals 20 Minuten kochen lassen. Wenn alles weich gekocht ist, gut untereinandermischen und auf Teller oder in eine Schüssel anrichten. Den gewaschenen Majoran fein hacken und über den Rübeneintopf streuen. Dasselbe Rezept kann auch mit Schafsvoressen gekocht werden.

Dr Wäägwyser

Wenn d Möntschhäit ame Chrüzwääg stoot
Und nümm rächt wäiss, wos aane goot,
So set si halt e Wyser haa,
Äin, joo, chuurz gsäit: e Maa!
Äin, joo, wo d Wooret kennt und säit
Und nit si i den Angle dräit,
Nodäm, as grad dr Wind hüt wäit!

Bärlauchkäsewähe

Teig:
200 g Weissmehl
100 g Butter
etwas Salz
0,75 dl Wasser

Füllung:
180 g saurer Halbrahm
300 g geriebener Gruyèrekäse
2 dl Milch
30 g frische Bärlauchblätter
10 g Maizena
1 Ei
wenig Paprika
Salz, Pfeffer

Den geriebenen Teig zubereiten wie auf Seite 17 beschrieben. Anschliessend bei Zimmertemperatur 2 mm dick auswallen. Ein Wähenblech mit Butter ausstreichen und mit wenig Mehl bestäuben. Den Teig darin ausbreiten und 1–2 mm über dem Blechrand abschneiden.
Den Bärlauch in kaltem Wasser gut waschen und abtropfen lassen. Danach grob hacken. Zusammen mit dem sauren Halbrahm, dem Reibkäse, der Milch, den Gewürzen, dem Maizena und dem Eigelb gut vermischen. Das Eiweiss in einer separaten Schüssel steif schlagen und sorgfältig unter die Füllung ziehen. Die Füllung auf dem Teigboden gleichmässig verteilen. Im vorgeheizten Ofen bei 170 Grad während 45 Minuten backen. Die Wähe lauwarm servieren. Die Bärlauchkäsewähe eignet sich ausgezeichnet zum Abendessen, aber auch als Vorspeise oder zu einem Apéro.

Vollkornomeletten mit Bärlauchfüllung

Omeletten:
80 g Vollkornmehl
2 dl Milch
2 Eier
Salz, Pfeffer
wenig Butter

Füllung:
150 g Magerquark
100 g geriebener Käse
2 Eier
30 g frischer Bärlauch
Salz, Pfeffer, wenig Paprika

etwas Butter
20 g Reibkäse

Für den Omelettenteig das Vollkornmehl in eine Schüssel geben. Unter stetem rühren mit einem Schwingbesen die Milch langsam dazugeben. Danach noch die Eier und Gewürze daruntermischen. Eine Bratpfanne erhitzen und wenig Butter hineingeben. Etwas Omelettenteig hineingiessen und über den ganzen Pfannenboden verteilen. Die Omeletten sollten möglichst dünn sein. Beidseitig goldgelb braten und auf einem Teller zur Seite legen.

Für die Füllung das Eigelb vom Eiweiss trennen. Den Bärlauch im kalten Wasser gut waschen, abtropfen lassen und grob hacken. Danach das Eigelb mit dem Magerquark, dem gehackten Bärlauch, dem Reibkäse und den Gewürzen gut vermischen. Das Eiweiss steif schlagen und vorsichtig darunterziehen. Die Masse auf den Omeletten verteilen und einrollen. In eine ausgebutterte Gratinform legen und mit etwas Reibkäse bestreuen. Im vorgeheizten Ofen bei 220 Grad 15 Minuten backen.

Spinatdinkelküchlein

350 g Spinat (Biinätsch)
50 g Dinkelmehl
50 g Dinkelkörner
2 Eier
Salz, Pfeffer
wenig Muskatnuss
1 EL Erdnussöl
1 EL Butter

Die Dinkelkörner über Nacht in kaltem Wasser einweichen.
Für die Küchlein tiefgefrorenen Spinat verwenden. Frischen Spinat zuerst kurz in kochendem Wasser aufkochen und durch ein Sieb abschütten. Den Spinat etwas auspressen. Danach die Blätter grob hacken und in eine Schüssel geben. Das Mehl, die Eier, Salz und Pfeffer, wenig gemahlene Muskatnuss sowie die Dinkelkörner zugeben und alles gut vermischen. Den geschmeidigen Teig einige Minuten stehen lassen. Danach das Öl in einer Bratpfanne erhitzen. Die Butter zufügen und den Teig, mit Hilfe eines Esslöffels, häufchenweise hineingeben. Beidseitig goldgelb ausbacken. Dazu eine frische Tomatensauce mit Kräutern servieren.

Pouletbrust mit Löwenzahnfüllung

4 Stk. Pouletbrust
Salz und Pfeffer
100 g Magerquark
1 Eigelb
100 g Löwenzahn
10 g Paniermehl
10 g Parmesan
Salz und Pfeffer
10 g Butter
1 kleine Zwiebel
1 dl Weisswein
2 dl Geflügelbouillon
1,8 dl Vollrahm
einige Blätter frischen Bärlauch

Den Löwenzahn waschen und fein schneiden. Den Magerquark und das Eigelb gut verrühren. Den Parmesan, das Paniermehl (es kann auch frisches, verriebenes Weissbrot sein) und den Löwenzahn daruntermischen und mit Salz und Pfeffer würzen. Danach die Pouletbrüstchen von einer Seite her vorsichtig einschneiden. Die Löwenzahn-Quarkmasse hineinfüllen und das Brüstchen mit Hilfe eines Zahnstochers verschliessen. Das Fleisch beidseitig mit Salz und Pfeffer würzen.

Anschliessend die Zwiebel schälen und fein hacken. Die Butter in einer Pfanne erhitzen und die Zwiebel darin glasig dünsten. Mit Weisswein ablöschen und mit der Bouillon auffüllen. Die gefüllten Pouletbrüstchen hineinlegen und zugedeckt, auf kleiner Hitze, 12 Minuten garen. Anschliessend das Fleisch herausnehmen und warm stellen. Den Rahm zur Flüssigkeit geben und zur gewünschten Saucendicke einkochen. Zum Schluss die gewaschenen und fein gehackten Bärlauchblätter zufügen und mit der fertigen Sauce die Pouletbrüstchen übergiessen.

Löwenzahngemüse

600 g Löwenzahn
30 g Butter
1 kleine Zwiebel
2 Knoblauchzehen
Salz, Pfeffer
1 EL Weissmehl
1 dl Vollrahm
1 dl Gemüsebouillon

Den Löwenzahn (Chetteneblueme) sorgfältig verlesen und in kaltem Wasser waschen. Anschliessend in einem Sieb abtropfen lassen. In viel siedendem Wasser einige Minuten kochen lassen bis sich die Rippen der Blätter gut zerdrücken lassen. Dann die Löwenzahnblätter durch ein Sieb abschütten, etwas abkühlen lassen und leicht ausdrücken. Den Löwenzahn grob hacken. Die Zwiebel und den Knoblauch schälen und fein hacken. Die Butter erhitzen und die Zwiebeln und den Knoblauch darin glasig dünsten. Den Löwenzahn zugeben, kurz mitdünsten, würzen und mit dem Mehl bestäuben. Alles gut mischen und den Vollrahm und die Bouillon dazugeben. Einige Minuten leicht kochen lassen. Je nach Konsistenz noch etwas Rahm zufügen. Abschmecken und anrichten. Als Beilage oder als Nachtessen mit einem Spiegelei servieren.

Trauffele

3,75 dl Milch
60 g Butter
25 g Zucker
1 Prise Salz
250 g Mehl
7 Eier

Für dieses Kaffee- oder Teegebäck die Milch zusammen mit der Hälfte der Butter und dem Salz aufkochen. Das Mehl in eine Schüssel sieben und die heisse Milch, unter ständigem Rühren, langsam hineingiessen. Danach den Zucker sowie die Eier (eine Stunde zuvor aus dem Kühlschrank nehmen), eins ums andere, unter die Masse arbeiten. Der Teig soll dickflüssig sein. Ist er zu dick, um ihn durch einen Trichter fliessen zu lassen, so kann man noch ein Ei unterarbeiten. Die restliche Butter in einer Bratpfanne erhitzen und den Teig durch einen Trichter spiralförmig in die Bratpfanne fliessen lassen. Beidseitig goldgelb backen und auf einem Küchentuch gut abtropfen lassen. Nach Belieben mit Staubzucker bestäuben.

März

Mueter

Du bisch d Quelle, wo mr alli drinke,
Bisch dr Dokter, wemer nöime hinke.

Bisch dr Füürspräch, duet men is verchlaage.
Du bisch d Sunn für öisi Räägedaage.

Du bisch d Stilli – mitz im Lääbesläärme.
Und im eergschte Gwitter öise Schäärme.

Bubendorf

Kohlrabisalat

5 junge Kohlrabi
1 dl Bouillon
etwas Zitronensaft
eine kleine Zwiebel
4 EL Rapsöl
2 EL Apfel- oder Weissweinessig
Salz, Pfeffer
2 Tomaten

Die Kohlrabi (Choolraabe) schälen bis alle holzigen Fasern entfernt sind. In feine Stäbchen schneiden und in viel kochendem Wasser kurz aufkochen lassen. Durch ein Sieb abschütten. Die Zwiebel schälen und fein hacken, mit der warmen Bouillon, dem Öl, dem Essig, dem Zitronensaft und den Gewürzen gut vermischen. Die noch warmen Kohlrabistäbchen mit der Sauce mischen und auskühlen lassen. Zum Schluss die Tomaten halbieren und die Kernen, mit Hilfe eines Kaffeelöffels, entfernen. Das Tomatenfleisch in kleine Würfel schneiden. Den Kohlrabisalat auf grünem oder auf Nüsslisalat anrichten und mit den Tomatenwürfeli bestreuen.

Wildkräuterwähe

Teig:
200 g Weissmehl
100 g Butter
etwas Salz
0,75 dl Wasser

Füllung:
2 Eier
180 g saurer Halbrahm
100 g Rahmquark
100 g frische Wildkräuter
(Bärlauch, Brennessel, Sauerampfer, Löwenzahn etc.)
1 TL Mohnsamen
1 TL Sesamsamen
Salz und Pfeffer

Zubereitung des Teiges siehe bei Lauchquiche mit Mohn, Seite 17.
Den fertigen, gekühlten Teig 2 mm dick auswallen und damit ein ausgebuttertes und mit Mehl bestäubtes Blech auslegen. Den Teigrand etwas über die Form herausragen lassen. Den Boden mit einer Gabel einige Male einstechen.
Die frischen Wildkräuter unter kaltem Wasser gut abspülen, die Blätter vom Stiel befreien und auf einem grossen Schneidebrett grob hacken. Die Kräuter nicht am Weg- oder Strassenrand sammeln. Das Eigelb vom Eiweiss trennen und zusammen mit dem sauren Halbrahm, dem Quark, den gehackten Wildkräutern und den Gewürzen gut vermischen. Anschliessend das Eiweiss steif schlagen und darunterheben.
Die Masse gleichmässig auf dem Wähenboden verteilen. Die Mohn- und Sesamsamen darüberstreuen. Im vorgeheizten Ofen bei 180 Grad 35 Minuten backen. Die Wähe kann auch mit Kräutern wie Basilikum, Oregano etc. gebacken werden.

Champignonsplätzli mit Brennnessel

125 g Haferflocken
2,5 dl Wasser
300 g Champignons
1 kleine Zwiebel
2 EL Mehl
1 Ei
1 Handvoll junge Brennnesselblätter
Salz, Pfeffer
50 g Butter

Die Haferflocken einige Stunden in 2,5 dl kaltes Wasser einlegen. Die Champignons waschen und in feine Scheibchen schneiden. Die Zwiebel schälen und fein hacken. Etwas Butter erhitzen und die Zwiebeln darin glasig dünsten. Die Pilze dazugeben und einige Minuten mitdünsten. Würzen und in ein Sieb abschütten. Gut abtropfen lassen. Die jungen Brennnesselblätter in kaltem Wasser gut waschen und grob hacken. Danach die Haferflocken mit dem Ei, dem Mehl, den Pilzen, den gehackten Brennnesselblättern und den Gewürzen gut vermischen. Aus der Haferflockenmasse kleine Plätzli formen. Die restliche Butter in einer Bratpfanne erhitzen und die Plätzli darin beidseitig goldgelb braten. Dazu eine Tomaten- oder Rahmsauce servieren.

Geschnetzeltes an Rhabarbersauce

600 g Schweinegeschnetzeltes
150 g Rhabarberstängel
1 EL Erdnussöl
Salz, Pfeffer
10 g Butter
1 dl Weisswein (RieslingxSylvaner)
30 g Rohrzucker
1 Prise Zimt
2 dl Bratensauce
1 dl Vollrahm

Die Rhabarberstängel waschen und die Haut abziehen. Danach die Stengel in 5 mm dicke Stücke schneiden.
Das Erdnussöl in einer Bratpfanne erhitzen und das Schweinegeschnetzelte darin allseitig gut anbraten. Mit Salz und Pfeffer würzen und in eine Schüssel geben. Die Butter in der Pfanne erhitzen und die Rhabarberstückchen dazugeben. Mit dem Rohrzucker bestreuen und kurz dünsten. Dann mit dem Weisswein ablöschen und die Bratensauce (kann auch aus Saucenwürfeln hergestellt sein), die Prise Zimt und den Rahm beigeben. Die Sauce aufkochen und einige Minuten leicht einkochen lassen. Zum Schluss das Fleisch wieder hinzufügen und nochmals kurz erwärmen, nicht mehr kochen lassen. Das Schweinefleisch kann nach Belieben durch Kalbfleisch oder Poulet ersetzt werden. Mit Reis servieren und mit gehackter Petersilie bestreuen.

Rhabarberomelette

150 g Weissmehl
3 Eier
1 Prise Salz
0,5 dl lauwarmes Wasser
4 dl Milch
20 g Butter
150 g Rhabarber
etwas Zimt
1 EL Zucker

Das Mehl in eine grosse Schüssel sieben. Unter stetem Rühren das Wasser und etwas Milch darunter mischen. Dann ein Ei nach dem anderen dazurühren. Zuletzt das Salz und die restliche Milch untermischen. Den Teig einige Minuten stehen lassen. Unterdessen die Rhabarberstängel schälen und in feine Scheiben schneiden. Diese unter den Teig mischen. In einer Bratpfanne die Butter erhitzen und den Omelettenteig dazugeben. Auf kleiner Hitze backen bis die Masse fest ist, sorgfältig drehen und auf der zweiten Seite ebenfalls goldgelb backen. Auf Teller anrichten und mit etwas Zimt und Zucker bestreuen.

Rhabarberparfait

150 g Rhabarber
50 g Zucker
4 Eigelb
2,5 dl Vollrahm
wenig Wasser

Erdbeersauce:
100 g Erdbeeren
50 g Zucker

Die Rhabarberstängel schälen und in kleine Würfel, zerschneiden. In einer kleinen Pfanne, zugedeckt, mit wenig Wasser und der einen Hälfte des Zuckers weich kochen. Etwas auskühlen lassen und pürieren (mit einem Mixer oder Passevite).

Das Eigelb mit der anderen Hälfte des Zuckers in einer Schüssel schaumig rühren, bis es eine luftige, cremige Masse ist. Das kalte Rhabarbermus vorsichtig darunter mischen.

Den Vollrahm steif schlagen und ebenfalls langsam unter die Masse mischen. Sofort in kleine Keramik- oder Plastiktöpfchen abfüllen und in den Tiefkühler stellen. Einige Stunden gefrieren lassen.

Die Erdbeeren gut waschen, vom Grün befreien und zusammen mit dem Zucker und 1 Esslöffel Wasser weich kochen. Auskühlen lassen und pürieren.

Etwas kalte Erdbeersauce auf einen Teller geben und das Rhabarberparfait darauf stürzen.

Um das Parfait besser aus den Förmchen zu bekommen, diese kurz in heisses Wasser stellen.

Vanille-Rhabarber-Köpfli

400 g Rhabarberstängel
5 dl Milch
75 g Zucker
1 Vanillestängel
40 g Maizena
3 Blatt Gelatine
2,5 dl Vollrahm
etwas Butter

Einige Glas- oder Keramikförmchen mit Butter auspinseln und anschliessend mit etwas Zucker ausstreuen. Die Rhabarberstängel schälen und in kleine Würfel schneiden. In etwas Wasser knapp weich kochen, durch ein Sieb abschütten und auskühlen lassen. Die Milch mit dem Zucker und dem halbierten Vanillestängel aufkochen. Die Gelatineblätter in kaltem Wasser einweichen. Das Maizena mit wenig kalter Milch auflösen und unter ständigem Rühren der heissen Milch zugeben. Von der Herdplatte nehmen und die ausgedrückten Gelatineblätter ebenfalls unterrühren, bis sie ganz aufgelöst sind. In eine Schüssel umleeren und zum Auskühlen in ein kaltes Wasserbad stellen. Unterdessen den Rahm steif schlagen. Wenn die Creme ausgekühlt ist und anfängt, fest zu werden, den geschlagenen Rahm sowie die weichen Rhabarberwürfeli sorgfältig darunterheben und sofort in die Förmchen abfüllen. Einige Stunden im Kühlschrank fest werden lassen und auf Teller anrichten. Mit Früchtekompott oder Früchtesauce servieren.

Rhabarbertorte

100 g Butter
100 g Zucker
2 Eier
1 Prise Salz
100 g Weissmehl
1 Zitrone
2–3 junge Rhabarberstängel

Die Butter zusammen mit dem Zucker, den Eiern, der abgeriebenen Zitronenschale und einem Esslöffel Zitronensaft während zehn Minuten schaumig rühren. Danach das Mehl und die Prise Salz vorsichtig darunterarbeiten. Eine Backform oder ein Backblech mit wenig Butter ausstreichen und mit etwas Mehl ausstäuben. Den Teig einfüllen und flach verteilen. Die Rhabarberstängel schälen und in feine Scheiben schneiden. Anschliessend die Rhabarberstücklein über den Teig verteilen und diese mit einem Esslöffel Zucker bestreuen. Im vorgeheizten Backofen bei 180 Grad während ca. 35 Minuten backen. Erkalten lassen und mit Staubzucker bestreuen.

Rhabarbersulze

1 kg Rhabarberstängel
2 dl Wasser
200 g Zucker
1 Zitrone
12 Gelatineblätter

Die Rhabarberstängel waschen, schälen und in kleine Stücke schneiden. Die Rhabarberstückchen in einem Topf zusammen mit dem Wasser, dem Zucker, der fein geriebenen Zitronenschale und dem Saft der Zitrone langsam zum Kochen bringen. Alles zusammen auf kleiner Hitze zu einem Mus verkochen. Das Rhabarbermus durch ein Sieb streichen. Die Gelatineblätter in kaltem Wasser einweichen, gut auspressen und unter das noch heisse Mus rühren. Keramik- oder Glasförmchen mit kaltem Wasser ausspülen und mit der Masse auffüllen. Im Kühlschrank, zugedeckt, über Nacht kaltstellen. Zum Anrichten die Förmchen kurz in heisses Wasser tauchen und auf einen Teller stürzen. Mit geschlagenem Rahm und Früchten garnieren.

Im Mäjechind

I luege häär, i luege hy:
Soo schöön isch no käi Mäje gsy!
I wooges ume z sääge lys:
Jetz häi mr s wiider, s Paradys!

Es mues äin sy, wo Wunder duet,
Das gseet me hüt vor Auge guet
Und won öis Auge mit het gee,
As mir die Wunder döörfe gsee!

Titterten P. Ettlin 95

Roggen-Dinkel-Brot

400 g Roggenmehl
400 g Dinkelmehl
½ Würfel Hefe
5 dl Wasser
1 KL Salz
200 g Speck
wenig Öl
2 EL Kürbiskerne

Die Speckwürfeli in einer Bratpfanne in wenig Öl gut anbraten und in einem Sieb abtropfen lassen.
Das Mehl mit dem Salz in eine Schüssel geben. Die Hefe im Wasser auflösen und zum Mehl geben. Den Speck ebenfalls dem Mehl hinzufügen. Alles zusammen zu einem Teig kneten. Den Brotteig mit einem feuchten Tuch abdecken und eine Stunde ruhen lassen.
Danach den Teig nochmals kräftig durchkneten und formen. Im vorgeheizten Ofen bei 200 Grad 30 Minuten backen.
Das Roggen-Dinkel-Brot passt auch ideal zu einem Apéro, z. B. mit Streichkäse oder Kräuterquark bestrichen.

Kürbis-Mohn-Spätzli

250 g Kürbisfleisch
2 dl Bouillon
300 g Weissmehl
1 dl Milch
3 Eier
1 KL Mohnsamen
½ KL Salz
etwas Pfeffer
wenig Butter
1,8 dl Halbrahm
80 g Reibkäse

Das Kürbisfleisch in Würfel schneiden und in der Bouillon weich kochen. Mitsamt der restlichen Flüssigkeit durchs Passevite reiben oder mit der Küchenmaschine pürieren. Das Kürbispüree erkalten lassen. Das Weissmehl in eine Schüssel geben. Kürbispüree, Milch, Eier, Mohnsamen, Salz und Pfeffer ebenfalls hinzufügen und alles zu einem glatten Teig verarbeiten. Einen grossen Topf mit Wasser füllen und aufkochen. Den Teig durch ein Spätzlisieb hineinpassieren (der Teig kann auch vom Brett geschabt werden). 1 Minute kochen lassen und die Spätzli in ein Abtropfsieb leeren. Eine Gratinform mit Butter ausstreichen, die abgetropften Spätzli hineingeben, den Halbrahm darüber verteilen und mit dem Reibkäse bestreuen. Im vorgeheizten Ofen bei 180 Grad 15 Minuten backen.

Überbackene Mirabellenwähe

Teig:
250 g Weissmehl
1 Ei
190 g Butter
10 g Zucker
1 Prise Salz

600 g Mirabellen
50 g gemahlene Haselnüsse

Guss:
100 g Rahmquark
1,8 dl Halbrahm
2 Eier
1/2 TL Zimt
50 g Zucker

2 Eiweiss
20 g Zucker

Für den Teig die gleiche Zubereitungsmethode wie für den Lauchquiche-Teig nehmen. Anstelle des Wassers das verquirlte Ei verwenden.
Den Teig 2 mm dick auswallen und damit ein gefettetes und mit Mehl bestäubtes Wähenblech auslegen. Den Teigboden einige Male mit einer Gabel einstechen und die Haselnüsse darauf verteilen. Die Früchte waschen, halbieren und die Steine entfernen. Die halbierten Mirabellen gleichmässig auf dem Wähenboden verteilen. Alle Zutaten für den Guss gut miteinander verrühren und über die Früchte geben. Bei 180 Grad 40 Minuten im vorgeheizten Ofen backen. Danach die Wähe herausnehmen und die Ofentemperatur auf 230 Grad erhöhen. Das Eiweiss steif schlagen und nach und nach den Zucker dazumischen. Den Eischnee gleichmässig über die Wähe verteilen und nochmals ca. 5 Minuten in den Ofen schieben – bis der Eischnee eine hellbraune Farbe bekommen hat.

Apfel-Kürbis-Mus

3 Boskoop-Äpfel
300 g Kürbisfleisch
1 dl Wasser
50 g Zucker
1 KL Zimt
1 KL. Butter
2 EL Brosamen

Die Äpfel schälen und das Kerngehäuse entfernen. Das Kürbisfleisch und die Apfelstücke in gleichmässige Würfel schneiden und mit dem Wasser, in einer Pfanne zugedeckt, weich dünsten. Anschliessend durchs Passevite treiben. Den Zucker und den Zimt daruntermischen und in einer Schüssel anrichten. Die Brosamen in der heissen Butter kurz rösten und über dem Apfel-Kürbis-Mus verteilen.

Erdbeerschnitten

250 g angetrocknetes Weissbrot
2 dl Milch
4 Eier
1 Prise Salz
20 g Butter
500 g Walderdbeeren
2 EL Zucker
½ TL Zimt

Das Brot in 1 cm dicke Scheiben schneiden. Die Walderdbeeren mit Zucker und Zimt vermischen, zur Seite stellen und marinieren lassen. Unterdessen die Brotscheiben kurz in der Milch tränken und etwas abtropfen lassen. Die Eier mit der Prise Salz verquirlen. Die Butter in einer Bratpfanne erhitzen. Die Brotscheiben durchs Ei ziehen und beidseitig goldgelb braten. Die Schnitten auf Teller anrichten und die Walderdbeeren über den Schnitten verteilen. Anstelle der Walderdbeeren können auch normale Erdbeeren verwendet werden.

Kürbiskompott

1 kg Speisekürbis
100 g Zucker
½ TL Zimt
3 Gewürznelken
2 EL Zitronensaft
1 EL Rum
5 dl Wasser

Den Kürbis schälen und die Kerne entfernen. Das Fruchtfleisch in gleich grosse Stücke schneiden. Die Würfel in einer flachen Schüssel verteilen. Danach den Zucker mit dem Zimt, den Nelken und dem Wasser zu einem Sirup aufkochen und über die Kürbiswürfel giessen. Erkalten lassen. Anschliessend den Sirup in die Pfanne zurückgeben und nochmals aufkochen. Die Würfel beigeben und sorgfältig, auf kleiner Hitze, weich kochen. Kurz vor Ende den Rum und den Zitronensaft beigeben und den Kompott in die Schüssel geben. Kalt stellen.

Kürbiskonfi

1 kg Kürbisfleisch
450 g Zucker
450 g Gelierzucker
1 Zitrone

Den Kürbis schälen und alle Kerne ausschaben. Das Fruchtfleisch fein raffeln. Zusammen mit dem Zucker in einem Topf zum Kochen bringen. Die Zitrone auspressen und den Saft zum Kürbis geben. Das Ganze 10 Minuten auf kleiner Hitze kochen lassen. Den entstehenden Schaum sorgfältig abschöpfen. Unterdessen Konfitüregläser heiss ausspülen und umgekehrt etwas abtropfen lassen. Die Kürbiskonfitüre heiss in die Gläser füllen und diese sofort gut verschliessen. Die Gläser bis unter den Rand füllen, damit möglichst wenig Luft im Glas bleibt. Kürbiskonfi kann im kühlen, dunklen Keller über ein Jahr aufbewahrt werden.

Summersääge

D Sunn stygt all we wyter ue:
S goot im hööchschte Summer zue!

Sy, wo glüüchtet het de Blüete,
Duet jetz a dr Äärn scho brüete.

Wo me luegt an alle Wääge:
Summersääge, Gottessääge!

D Sunn stygt all we wyter ue:
S goot im hööchschte Summer zue!

Kirschensuppe

500 g Kirschen
1,5 Liter Wasser
50 g Zucker
1 Zimtstengel
1 EL Zitronensaft
100 g Weissbrot vom Vortag
1 EL Butter

Das Weissbrot in kleine Würfel schneiden. In einer Bratpfanne die Butter erhitzen, und das geschnittene Brot darin goldgelb rösten. Anschliessend in einen Suppentopf geben. Die Kirschen waschen und entsteinen. Das Wasser mit dem Zimtstengel aufkochen und die Kirschen darin kochen lassen. Sind die Kirschen weich gekocht, den Zimtstengel entfernen und die Kirschen mit einem Stabmixer pürieren und durch ein Sieb streichen. Die Kirschen können auch durchs Passevite getrieben werden. Das Mus in den Kochtopf zurückgeben und den Zucker und Zitronensaft beigeben.

Nochmals aufkochen und über die gerösteten Brotwürfeli in den Suppentopf giessen.

Juni

Rollgerstenküchlein

60 g Rollgerste, fein
5 dl schwache Bouillon
1 kleine Zwiebel
2 Knoblauchzehen
100 g Rüebli
100 g Lauch
1 Ei
1 EL Mehl
0,5 dl Rahm
Salz und Pfeffer
1 EL Butter

Die Rollgerste in der Bouillon weich kochen und durch ein Sieb abgiessen. Gut abtropfen lassen. Die Rüebli schälen und in feine 3 cm lange Streifen schneiden. Den Lauch gut waschen und ebenfalls in Streifen schneiden. Die Zwiebeln schälen und in feine Würfel schneiden. Den Knoblauch ebenfalls schälen und fein hacken. Die weich gekochte Gerste, das Gemüse, Zwiebeln und Knoblauch, Ei, Rahm, Mehl sowie Salz und Pfeffer in einer Schüssel gut miteinander mischen. Die Butter in einer Bratpfanne erhitzen und esslöffelweise von der Gerstenmasse hineingeben. Die Küchlein beidseitig goldgelb backen und servieren. Nach Belieben mit einer Tomatensauce servieren.

Schweinefleischrollen

8 Schweinshuftplätzli à 70 g
Salz und Pfeffer
125 g Schweinefleisch gehackt
1 EL Senf
8 Blätter Salbei
1 kleine Zwiebel
1 TL Butter
1 geriebenes Schlumbi
2 EL Vollrahm
1 Bund Petersilie
½ Zitrone
1 EL Erdnussöl
1 dl Weisswein
2 dl braune Bratensauce
1 dl Vollrahm

Die Schweinsplätzli vom Metzger flach klopfen lassen. Mit Salz und Pfeffer würzen. Für die Füllung die Zwiebel fein hacken und in der Butter glasig dünsten. Die Petersilie waschen und fein hacken. Die Schale der gut gewaschenen Zitrone fein abreiben. Danach das gehackte Fleisch mit der Zwiebel, der Zitronenschale, mit dem geriebenen Schlumbi, Rahm, Petersilie sowie Salz und Pfeffer gut mischen. Die Plätzli auf der einen Seite mit Senf bestreichen und mit je einem Salbeiblatt belegen. Die Fleischfüllung darauf verteilen und einrollen. Zum Fixieren Zahnstocher durch die Rollen stechen. Danach das Öl in einer Bratpfanne erhitzen und die Rollen allseitig hellbraun anbraten. Mit dem Weisswein ablöschen und die braune Sauce zugeben. Zugedeckt auf kleiner Hitze 10 Minuten garen. Anschliessend den Deckel entfernen und den Rahm hinzufügen. Die Sauce zur gewünschten Dicke einkochen, die Schweinefleischrollen auf Teller anrichten und mit der Sauce übergiessen. Dazu Teigwaren oder Kartoffelstock servieren.

Kirschenküchlein

300 g schwarze Kirschen (Chiirssi)
120 g Weissmehl
1 dl Milch
2 Eier
1 Prise Salz
1 EL Olivenöl

Die Kirschen unter kaltem Wasser gut abspülen und in einem Sieb abtropfen lassen. Das Mehl in eine Schüssel geben und unter ständigem Rühren mit einem Schwingbesen die Milch darunter mischen. Danach das Eigelb, das Salz und das Olivenöl dazu rühren. Das Eiweiss steif schlagen und sorgfältig unter den Teig heben. Jeweils einige gut abgetropfte Kirschen an den Stielenden halten, in den Teig tauchen, kurz abtropfen lassen und in einer Friteuse, im heissen Öl, bei 170 Grad goldgelb ausbacken. Mit Hilfe einer Schaumkelle herausnehmen und auf einem Küchentuch kurz abtropfen lassen. Nach Belieben mit Staubzucker oder Zimtzucker bestreuen.

Kirschwassercreme

5 dl RieslingxSylvaner-Weisswein
3 dl Wasser
150 g Zucker
1 Zitrone
5 Eier
0,5 dl Baselbieter Kirsch

Den Weisswein zusammen mit 2 dl Wasser, dem Zucker und der Zitronenschale aufkochen. Die Eier mit dem restlichen Wasser zusammen gut verrühren. Danach die heisse Flüssigkeit, unter stetem Rühren, zur Eimasse geben. Anschliessend zurück in die Pfanne schütten und unter ständigem Rühren bis kurz unter den Siedepunkt erhitzen. Fängt die Masse an, cremig zu werden, sofort in eine Schüssel umleeren. Die Eier dürfen nicht gerinnen, da sie sonst Klumpen bilden. Den Kirsch untermischen und zugedeckt auskühlen lassen. Nach Belieben mit geschlagenem Rahm verfeinern.

Gruess us dr Häimet

Die olti Buebehäimet,
Döört oben a dr «Stäimet»,
Si loot di häärzlig grüesse,
Vom Chopf bis zu de Füesse!

Du bisch woll i dr Fröndi,
Doch bi de Chinde, möndi.
Wirsch woll bym beschten Ässe
Doch d Häimet nid vrgässe!

Und chönne mir nüt schänke,
Wäi mir doch a di dänke.
Im Gäischt is zue dr bücke
Und gschwind dr d Hand cho drücke!

Grünkernmehlkugeln

250 g Grünkernmehl
5 dl Wasser
10 g Butter
1 EL Zucker
1 Prise Salz
2 Eier

Fritureöl zum Ausbacken

1 EL Zucker
1 TL Zimt

Das Wasser in einem Topf zum Kochen bringen. Das Grünkernmehl hineinstürzen und rühren, bis sich die Masse vom Topfboden zu lösen beginnt. Vom Herd nehmen und Zucker, Salz und die Butter zugeben. Alles gut vermischen. Danach die Masse etwas abkühlen lassen und die verklopften Eier daruntermischen. Mit den Händen baumnussgrosse Kugeln formen und diese in der Friteuse oder in einem Topf mit viel Öl bei 170 Grad schwimmend ausbacken. Auf einem Küchentuch abtropfen lassen und mit Zimtzucker bestreuen. Mit einem Kompott servieren. Als Dessert oder Abendessen.

Juli

Drüübelichuechä

Teig:
150 g Weissmehl
80 g Butter
1 Ei
50 g Zucker
1 TL Zitronensaft
1 Prise Salz

25 g geriebenes Weissbrot
500 g Johannisbeeren
(Drüübeli)
3 Eiweiss
3 EL Zucker

Alle Zutaten für den Mürbeteig gut miteinander vermischen und einen zarten, gleichmässigen Teig herstellen. Diesen zugedeckt 1–2 Stunden kühl stellen. Unterdessen die Johannisbeeren gut waschen und in einem Sieb abtropfen. Danach den Teig, auf wenig Mehl, 5 mm dick auswallen und damit eine runde, mit Butter ausgepinselte Springform auslegen. Den Teig am Rand gut andrücken und den Boden mit geriebenem Weissbrot bestreuen. Die Johannisbeeren darauf verteilen. Das Eiweiss steif schlagen und über die Beeren verteilen. Flach ausstreichen und mit Zucker bestreuen. Im vorgeheizten Ofen bei 180 Grad während 30 Minuten backen.

Reisköpfli

125 g Reis
5 dl Milch
1 Vanillestängel
40 g Zucker
1 Prise Salz
1 dl Vollrahm

Die Milch mit dem aufgeschnittenen Vanillestängel und der Prise Salz aufkochen. Den Reis zufügen und auf mittlerer Hitze, unter öfterem Rühren, zu einem Brei verkochen. Zum Schluss den Zucker zufügen. Die Reismasse abkühlen lassen und den steif geschlagenen Rahm sorgfältig daruntermischen. Die Masse in Förmchen abfüllen, welche zuvor mit kaltem Wasser ausgespült wurden, und im Kühlschrank kalt stellen. Einige Stunden fest werden lassen und zum Servieren auf einen Teller stürzen. Dazu eine Vanillesauce, eingelegte Dörrfrüchte oder ein Früchtekompott servieren.

Holunderblütensirup

15 Holunderblüten
900 g Zucker
1 unbehandelte Zitrone
40 g Zitronensäure
5 dl Wasser

Die Holunderblüten als Vorboten des Sommers ergeben einen geschmackvollen Sirup.
Dazu die Holunderblüten zusammen mit der in Scheiben geschnittenen Zitrone, dem Zucker und der Zitronensäure in eine grosse, feuerfeste Schüssel geben. Das Wasser aufkochen und darübergiessen. Danach so lange rühren, bis sich der Zucker aufgelöst hat. Diese Mischung zugedeckt an einem kühlen Ort 4 Tage durchziehen lassen. Gelegentlich umrühren. Die Flüssigkeit sollte einen ausgeprägten Geschmack haben. Den Sirup in saubere, trockene Flaschen absieben und gut verschliessen. Zum Trinken mit Wasser verdünnen. Oder zum Apéro mit Weisswein (RieslingxSylvaner) und Mineralwasser. Holunderblütensirup kühl und dunkel gelagert ist lange haltbar.

Holundersirup

Holunderbeeren
Wasser
Zucker

Die Holunderbeeren entstielen, die schlechten Beeren herauslesen und die schönen in einem Sieb mit kaltem Wasser abspülen. Anschliessend in einen Topf geben und knapp mit Wasser bedecken. Kochen lassen, bis die Beeren platzen. Danach durch ein Tuch abgiessen. Den so entstandenen Saft abmessen und pro Liter Holundersaft 500 g Zucker zugeben. Den Saft mit dem Zucker vermischt unter ständigem Rühren aufkochen. Den entstandenen Schaum abschöpfen und den Sirup nochmals während 5 Minuten kochen lassen. Glasflaschen gut waschen und heiss ausspülen. Den siedenden Sirup hineinfüllen und gut verschliessen. Kühl lagern. Dasselbe Rezept kann mit fast allen anderen Beerensorten ebenfalls angewendet werden.

Drüübelikör

1 kg schwarze Johannisbeeren
1 Liter Kernobstbranntwein
1 Liter Wasser
1 kg Kandiszucker
1 Liter Pinot Noir (Rotwein)

Die Drüübeli mit dem Kernobstbranntwein in einem grossen Glas mischen und gut verschliessen. Im Keller 8 Wochen stehen und ziehen lassen. Danach den Kandiszucker mit dem Wasser kochen, bis der Zucker aufgelöst ist. Den Zuckersirup erkalten lassen. Anschliessend den Rotwein mit dem Zuckersirup und dem abgesiebten Saft der Beeren vermischen. In Flaschen abfüllen und gut verschliessen. Gekühlt aufbewahren und kühl als Digestif servieren. Oder gemischt mit Weisswein als Apérogetränk.

Mys Wäldli

I han es Wäldli am e Räin.
Es schööners chausch nid finde,
Und chauffe chönts vo myr e käin.
S sy Bueche drinn und Linde.

Es ruuscht so lys im Oobewind
Und zellt mr syni Määrli.
I loose, glücklig wen es Chind,
Und wöische nüt mee – wäärli!

En andre het es gröössers Holz.
So sell er, mynertwääge!
I ha drfür dr gröösser Stolz
Und glaub i, au meer Sääge!

Wenn is chönt mache, wen i wött,
Me chönt mi dänk nid stroofe,
So wöischt i i mym Wäldli s Bett,
Won i due s letschtmol schloofe!

D Sunn chem döört zue mr und dr Moond
Und d Stäärnli deete schyne!
Wenn mi dr Rägen au nid schont,
So deete d Linde gryne.

Wildenstein bei Bubendorf BL
94

P. Ettlin

Essigzwätschge

1 kg Zwätschge
3 dl Rotwein
3 dl Rotweinessig
½ **Zimtstengel**
1 Gewürznelke
500 g Zucker

Die Zwetschgen unter kaltem Wasser gut waschen und mit einer feinen Nadel rundherum einige Male einstechen. In eine Schüssel geben. Den Wein zusammen mit dem Essig, dem Zimtstengel, der Nelke und dem Zucker aufkochen und heiss über die Zwetschgen giessen. Zugedeckt über Nacht stehen lassen.

Danach die Flüssigkeit in eine Pfanne abgiessen, wiederum aufkochen und lauwarm über die Zwetschgen giessen. Nochmals zugedeckt über Nacht ziehen lassen. Am folgenden Tag die eingelegten Früchte zusammen mit dem Saft langsam aufkochen, bis die Zwetschgenhaut an einigen Stellen reisst. Die Früchte sorgfältig aus dem Sud heben und in Einmachgläser abfüllen. Den Sud etwas einkochen und durch ein Sieb über die Zwetschgen verteilen. Die Früchte müssen vom Sud bedeckt sein. So sind sie kühl und dunkel gelagert 1 Jahr haltbar. Essigzwetschgen serviert man zu Schweinebraten, Siedfleisch und Fleischfondue.

Baselbieter Cordon bleu

8 Stk. Schweinshuftplätzli à 70 g
4 Scheiben Schinken
1 Boskoop-Apfel
1 Schlumbi
1 EL Butter
etwas Zimt
2 EL Vollrahm
Salz, Pfeffer
50 g Weissmehl
1 Ei
100 g Paniermehl
3 EL Erdnussöl
1 EL Butter

Den Apfel waschen und schälen. Das Kerngehäuse entfernen und das Fruchtfleisch in kleine Würfeli schneiden. Das Schlumbi ebenfalls in Würfeli schneiden. Die Butter in einer Bratpfanne erhitzen und die Apfelwürfeli darin dünsten. Etwas Zimt sowie das Schlumbi und den Rahm zugeben und kurz miteinander aufkochen. Auskühlen lassen. Die 4 Schinkenscheiben auf je 1 Schnitzel legen und die Apfelfüllung darauf verteilen. Mit den anderen Schnitzeln zudecken. Beidseitig würzen und gut mit Mehl bestäuben. Überschüssiges Mehl abklopfen. Danach das Ei verquirlen und die Cordons bleus durchziehen und gut abtropfen lassen. Zum Schluss im Paniermehl wenden und dieses leicht andrücken. Das Öl erhitzen und die Cordons bleus hineinlegen. Butter zugeben und auf mittlerer Hitze beidseitig einige Minuten goldgelb braten. Mit Teigwaren, Kartoffeln oder Spätzli und einem Zitronenschnitz servieren.

Häärtöpfelspätzli

20 g Butter
350 g Kartoffeln
1 Schlumbi
0,5 dl Milch
1 Sträusschen Petersilie
1 kleine Zwiebel
150 g Weissmehl
6 Eier
etwas Muskatnuss
1 KL Salz

Die Kartoffeln am Vortag weich kochen. Anschliessend schälen und fein reiben. Die Butter schaumig rühren und mit den Kartoffeln vermischen. Das Schlumbi in kleine Würfeli schneiden und in der Milch einweichen. Danach gut auspressen. Die Petersilie waschen und fein hacken. Die Zwiebel schälen, fein hacken und in etwas Butter weichdünsten. Anschliessend das Mehl, die Petersilie, Salz und Muskatnuss, die verschlagenen Eier, die gedünstete Zwiebel und das Schlumbi unter die Kartoffel-Buttermasse mischen. Diese Masse portionenweise auf ein Rüstbrettli geben und mit Hilfe eines Messer-Rückens feine Schnäfeli in die kochende Bouillon schaben. Einige Minuten kochen lassen. Die Häärtöpfelspätzli abschöpfen und auf eine Platte anrichten. Nach Belieben mit gerösteten Brotwürfeli oder gedünsteten Zwiebelringen bestreuen.

Binninger Schnitten

2 Milchweggli
20 g Butter
1,5 dl Milch
20 g Zucker
1 Prise Salz
60 g Weissmehl
4 Eier
50 g Butter zum Ausbacken

Die Weggli in 1 cm dicke Scheiben schneiden und flach auf einer Platte ausbreiten. Mit 0,5 dl der kalten Milch begiessen. Die restliche Milch zusammen mit der Butter, dem Zucker und dem Salz aufkochen. Das gesiebte Mehl auf einmal zur Milch stürzen und mit einer Kelle gut verrühren. In der Pfanne weiterrühren, bis der Teig glatt ist. Vom Herd nehmen und leicht abkühlen lassen. Dem warmen Teig ein Ei nach dem andern unterarbeiten. Der Teig muss etwas flüssig sein. Die Schnitten durch den Teig ziehen und in der heissen Butter beidseitig goldgelb backen. Auf einem Küchentuch etwas abtropfen lassen und mit Zimtzucker bestreuen. Zum Kaffee und Tee servieren.

Hagebuttenkompott

500 g Hagebutten
75 g Zucker
½ TL Zimt
2 dl Weisswein
2 EL Zitronensaft
20 g Sultaninen
1 TL Maizena
etwas Wasser

Die Hagebutten von den Blüten und den Stielen befreien und im lauwarmen Wasser gut waschen. Anschliessend zusammen mit dem Zucker, dem Zimt und dem Weisswein weich kochen. Das Maizena in einer Tasse mit wenig kaltem Wasser auflösen und mit den Sultaninen und dem Zitronensaft den Hagebutten zugeben. Gut verrühren und nochmals aufkochen lassen. Danach in eine Schüssel umfüllen und kalt stellen.

D Zyt

D Zyt goot mit iirem lyse Schritt
Und nimmt öis alli, rysst is mit.
Si loot is nid vo iirer Hand,
Füert sicher öis is Zuekunftland!

Bold goots im Schritt, bold goots im Trab,
Bärguuf, bärgab – bärguuf, bärgab!
Käis Wäigere hilft, käi Widerstand,
Mr müese mit is Moorgeland!

Mit jedem Daag chunt öppis Nöis:
Bold glatt, bold ruuchi Chaareglöis!
Heeb du dr Waage, Heer und Gott,
Und füer is häi, us aller Noot!

Kürbissuppe

500 g Kürbisfleisch
5 dl Wasser
40 g Butter
20 g Weissmehl
1 Liter Milch
Salz, Pfeffer
20 g Butter
4 Scheiben Toastbrot
1 Bund Petersilie
1 dl Vollrahm

Das Kürbisfleisch in Würfel schneiden und in 20 g Butter dünsten. Mit dem Wasser auffüllen und den Kürbis weich kochen. Anschliessend mit einem Stabmixer pürieren oder das Kürbisfleisch durchs Passevite passieren. Danach die andere Hälfte der Butter in einem Kochtopf erhitzen und das Mehl hinzufügen. Dieses leicht braun dünsten und mit der kalten Milch ablöschen. Unter öfterem Rühren aufkochen. Das Kürbispüree hinzufügen und die Suppe würzen. Sollte die Kürbissuppe zu dick sein, diese mit etwas Bouillon oder Milch verdünnen. Das Toastbrot in kleine Würfeli schneiden. Die restliche Butter in einer Bratpfanne erhitzen und die Brotwürfeli darin goldgelb rösten. Die Petersilie mit kaltem Wasser abspülen und fein hacken. Die Suppe anrichten und mit einem Tupfen geschlagenem Rahm garnieren. Die Brotwürfeli und die gehackte Petersilie darüber streuen.

Pikante Häärtöpfel

1 kg Kartoffeln
500 g Tomaten
1 Zwiebel
1 EL Butter
250 g Fleischreste (Schinken usw.)
Salz, Pfeffer
1 Prise Cayennepfeffer
2 dl Bouillon
etwas Butter für die Form
50 g trockenes Weissbrot

Die Kartoffeln am Vortag im Salzwasser weichkochen und auskühlen lassen. Anschliessend schälen und in 3 mm dicke Scheiben schneiden. Bei den Tomaten den Stielansatz entfernen und diese ebenfalls in gleich dicke Scheiben schneiden. Die Fleischreste grob schneiden. Die Zwiebel schälen und fein hacken. Die Butter in einer Bratpfanne erhitzen und die Zwiebel glasig dünsten. Das Fleisch zugeben und ebenfalls kurz mitdünsten, würzen und auf die Seite stellen. Danach eine feuerfeste Gratinform mit Butter ausstreichen und die Kartoffel-, die Tomatenscheiben und das Fleisch lagenweise hineinschichten. Die Bouillon darübergiessen. Zuletzt das trockene Weissbrot fein reiben und über dem Gratin verteilen. Nach Belieben noch einige Butterflocken darauf verteilen und im vorgeheizten Backofen bei 180 Grad 15 Minuten backen.

Hackbraten

500 g gemischtes Hackfleisch
1 Ei
1 Schlumbi oder Weggli
1 Zwiebel
1 KL Butter
1 Bund Petersilie
100 g Rüebli
Salz, Pfeffer
wenig Paprika

1 EL Erdnussöl

3 dl braune Bratensauce

Die Rüebli schälen und in kleine Würfeli schneiden. In kochendes Salzwasser geben, einmal überwallen lassen, herausnehmen und erkalten lassen. Die Petersilie mit kaltem Wasser abspülen und fein hacken. Die Zwiebel schälen, fein hacken und in der heissen Butter glasig dünsten. Das Schlumbi in grobe Würfel zerschneiden und in wenig Wasser einweichen. Danach das Hackfleisch in einer Schüssel zusammen mit dem ausgedrückten und verriebenen Schlumbi, dem Ei, Salz, Pfeffer, den Rüebliwürfeli, der gehackten Petersilie und der gedünsteten Zwiebel gut vermischen. Die Fleischmasse zu einem Laib formen und in einer mit Öl ausgestrichenen Backform, im vorgeheizten Ofen, bei 200 Grad 10 Minuten hellbraun anbraten. Danach 40 Minuten bei 160 Grad fertig braten. Kurz vor Ende die Bratensauce beigeben und den Hackbraten damit einige Male übergiessen. Nach Belieben der Sauce Gemüsewürfel zugeben. Den Hackbraten mit Kartoffelstock servieren.

Schweinefleisch mit Häärtöpfel

500 g Schweinshuft oder Nierstück
Salz, Pfeffer
1 EL Erdnussöl
200 g Rüebli
1 Zwiebel
100 g Sellerie
500 g Kartoffeln
4 dl Bouillon
1 dl braune Bratensauce
etwas Butter

Das Fleisch in 1 cm grosse Würfeli schneiden. Die Rüebli und den Sellerie waschen und schälen. Den Sellerie in gleichgrosse Würfeli schneiden und die Rüebli in feine Scheiben. Die Zwiebel schälen und fein hacken. Die Kartoffeln ebenfalls schälen und in dünne Scheiben schneiden. In einer grossen Bratpfanne das Öl erhitzen und das Fleisch gleichmässig anbraten. Würzen und die gehackte Zwiebel, die Rüeblischeiben und die Selleriewürfeli zugeben. Kurz mitdünsten. Anschliessend mit den Kartoffeln lagenweise in eine ausgebutterte, feuerfeste Auflaufform schichten. Zuoberst sollen Kartoffelscheiben sein. Die Bouillon dazugeben und zuletzt die braune Sauce darübergiessen. Im vorgeheizten Backofen bei 180 Grad während 20 Minuten backen. Nach Belieben frische Kräuter beigeben.

Maiskuchen

100 g feiner Maisgriess
2 dl Milch
2 Eier
125 g Zucker
200 g Weissmehl
1 Paket Backpulver
1 dl Vollrahm
50 g Sultaninen
1 Prise Salz

etwas Butter für die Backform

Den Maisgriess in einer Schüssel mit der Hälfte der Milch übergiessen und 1 Stunde quellen lassen.
Das Eigelb vom Eiweiss trennen und zusammen mit dem Zucker schaumig rühren. Das Weissmehl mit dem Backpulver zusammen sieben und zur Ei-Zucker-Masse mischen. Den eingeweichten Maisgriess, die restliche Milch, den Rahm, die Sultaninen und das Salz ebenfalls dazugeben. Danach das Eiweiss steif schlagen und sorgfältig unter die Masse ziehen. Eine Kuchenform mit etwas Butter ausstreichen und mit Mehl bestäuben. Den Teig einfüllen und im vorgeheizten Ofen bei 180 Grad 40–50 Minuten backen.

Voorbött

Schmeeler wärden öisi Daage
Und es griint es lysis Chlaage
Über faali Stuffelfälder.
Bläiche nid schoo öisi Wälder?

D Schwaalbe zieje hööchi Bööge,
Luegen öb si s noo vrmööge,
Uf den unsichtbaare Glöise
Über s wyti Wältmeer z räise.

Nid äi Vogel maag me singe!
Woll, dr Gwaagg, dää wills no zwinge.
Aber was i doo vrnimme,
Isch mr, wöll au gaar nid stimme!

Allwääg helser isch dää Sänger?
Hoffe mr, er sing nümm länger.
Noo de Gsänge, dene schööne,
Duets as wen es Gjoomer dööne!

Schloss Angenstein an der Birs, Baselland
Laufental

Vogelheu mit Quittenwürfeli

4 Quitten
2 dl Apfelsaft
1 KL Butter

250 g angetrocknetes Weissbrot
1 dl Milch
2 Eier
2 EL Honig
2 EL Vanillezucker
1 EL Butter

Die Quitten mit einem Tuch gut abreiben und schälen. Danach vierteln, entkernen und in kleine Würfeli schneiden. 1 Kaffeelöffel Butter in einer Pfanne erwärmen und die Quittenwürfeli darin andünsten. Mit dem Apfelsaft auffüllen und weich kochen.

Unterdessen das Weissbrot in Schnäfeli schneiden und in der heissen Butter goldgelb braten. Eier, Milch, Honig und Vanillezucker gut miteinander verrühren und dem Brot beigeben. Unter ständigem Rühren die Eimasse zum Stocken bringen. Sofort auf Teller verteilen und die weich gekochten Quittenwürfeli darübergeben. Nach Belieben mit Zimtzucker und gehackten Nüssen bestreuen.

Quittenrösti

500 g Quitten
500 g Bintjekartoffeln
2 dl Vollrahm
Salz, Pfeffer
1 EL Butter

200 g Karotten
200 g Lauch
200 g Quitten
1 dl helle Gemüsebouillon
Salz, Pfeffer
½ EL Butter
50 g frischer Schnittlauch

Die Quitten mit einem trockenen Tuch abreiben, waschen und schälen. Die Kartoffeln ebenfalls waschen und schälen. Quitten vierteln und entkernen, zusammen mit den Kartoffeln durch die Röstiraffel reiben. Mit dem Vollrahm, etwas Salz und Pfeffer gut vermischen. In der Bratpfanne die Butter erhitzen, Kartoffel-Quitten-Masse beigeben und beidseitig goldgelb braten. Unterdessen die anderen Quitten und die Karotten schälen und in kleine Würfeli schneiden. Den Lauch der Länge nach halbieren, gut waschen und fein schneiden. In einer Pfanne die Butter erhitzen, Quitten- und Karottenwürfeli beigeben und kurz dünsten. Mit der hellen Gemüsebouillon auffüllen und den Lauch und die Gewürze beigeben. Zugedeckt 5 Minuten auf kleiner Hitze dünsten. Danach den Deckel entfernen und solange weiter kochen lassen, bis die Flüssigkeit vollständig verdampft ist. Die Rösti auf eine Platte anrichten und die Quitten-Gemüse-Würfeli darüber verteilen. Das Ganze mit dem fein geschnittenen Schnittlauch bestreuen und servieren.

Oktober

Gedeckter Kohlauflauf

500 g Weisskohl
200 g Kochspeck
1 Zwiebel
3 Knoblauchzehen
300 g Kartoffeln
2 dl Bouillon
1 EL Erdnussöl
Salz, Pfeffer
wenig Kümmel
150 g Blätterteig
1 Ei

Den Kohl waschen und die äusseren schlechten Blätter entfernen. Danach den Kohlkopf vierteln und den Strunk wegschneiden. Den Rest in 2 cm grosse Würfel schneiden. Die Zwiebel und den Knoblauch schälen und beides fein hacken. Den Speck in Streifen schneiden. In einer Pfanne das Öl erhitzen und den Speck knusprig anbraten. Anschliessend die Zwiebel und den Knoblauch glasig mitdünsten. Zuletzt den Kohl zugeben und leicht mitdünsten. Mit Salz, Pfeffer und wenig Kümmel würzen und mit der Bouillon auffüllen. Die Kartoffeln waschen, schälen, in Würfel schneiden und mit dem Kohl mischen. Anschliessend alles in eine runde, hohe Auflaufform geben. Das Ei verquirlen und den äusseren, oberen Rand der Form anpinseln. Den ausgewallten Blätterteig über die Form legen und am äusseren Rand gut andrücken. 2 cm unterhalb vom Rand den Teig wegschneiden. Mit Teigresten können Verzierungen gemacht werden. Den Blätterteig mit Ei anstreichen und den Auflauf im vorgeheizten Ofen bei 180 Grad 35 Minuten backen.

Quittenkompott

**1 kg Quitten
1 Liter Wasser
400 g Zucker
2 dl Apfelsaft
2 dl Weisswein
1 Stk. Vanillestängel**

Die Quitten mit einem trockenen Tuch gut abreiben. Anschliessend schälen, entkernen und in gleichmässige Stücke schneiden. Zusammen mit dem Wasser und dem halbierten Vanillestängel aufkochen und auf kleiner Hitze weich garen. Quittenstücke herausnehmen und in eine Glasschale geben. Den Weisswein, den Apfelsaft und den Zucker zum Sud geben und nochmals aufkochen lassen. Die Flüssigkeit zu den Quitten giessen und auskühlen lassen. Kalt oder lauwarm servieren. Eine passende Beilage zu Fotzelschnitten oder Rösti.

Oktober

Quittenschaum

1 kg Quitten
1 dl Weisswein
½ Zitrone, Schale und Saft
200 g Zucker
6 Eiweiss
wenig Butter

Die Quitten waschen und schälen. Danach vierteln und das Kerngehäuse wegschneiden. Die Quittenviertel in Würfel schneiden und zusammen mit dem Weisswein und dem Zitronensaft zugedeckt weich dämpfen. Die verkochten Quittenwürfel mit dem Saft durch ein Passevite treiben und mit dem Zucker und der fein geriebenen Zitronenschale vermischen. Nochmals erhitzen und das Püree erkalten lassen. Das Eiweiss steif schlagen und unter das kalte Püree mischen. Die Masse in eine ausgebutterte Gratinform füllen und mit etwas Zucker bestreuen. Im vorgeheizten Backofen bei 180 Grad 15–20 Minuten backen und anschliessend sofort servieren. Das gleiche Rezept kann auch mit säuerlichen Äpfeln gekocht werden.

Quittentaschen

500 g Blätterteig
1 Ei

500 g Quitten
1 dl Orangensaft
½ TL Vanillezucker
1 Spritzer Zitronensaft
0,5 dl Wasser
250 g Zucker
10 g Maizena

Den Blätterteig 2 mm dick auswallen und in Quadrate von 10 mal 10 cm schneiden.
Für die Füllung die Quitten mit einem Tuch gut abreiben, schälen, entkernen und in 1 cm grosse Würfeli schneiden. Zusammen mit dem Orangensaft, dem Vanillezucker, dem Wasser, dem Zitronensaft und dem Zucker aufkochen. Das Maizena mit wenig kaltem Wasser auflösen und der Masse zugeben. Danach alles zusammen einkochen, bis die Masse eindickt und die Quittenwürfeli weich sind. Die Füllung in eine Schüssel umleeren und erkalten lassen. Das Ei aufschlagen und verquirlen. Die Ränder der Teigquadrate damit bepinseln. Je 1 Esslöffel der Füllung in die Teigmitte geben und die Quadrate quer zusammenklappen. Die Kanten mit einer Gabel leicht zusammendrücken und die Oberflächen der Dreiecke mit Ei bestreichen. Im vorgeheizten Ofen bei 200 Grad 15 Minuten backen. Die erkalteten Quittentaschen können mit Staubzucker bestäubt werden.

Am Wäbstuel

Dä mues e groosse Wäbstuel haa
Und flyssig sy, dä Wintermaa!
Jä, dänk men au: Die letschti Nacht
Het är die gröschti Decki gmacht!
Er läit sen über Bäärg und Daal,
Käi Königin het son e Schaal!
Vo Silber mues dr Yschlaag sy,
Dr Zettel au, das gseet me gly!
As är so znacht no Fääde findt?
Dr Moond het gaar nid häiter zündt!
Gwüüs het ers afe bold im Griff,
E männgem wurde d Finger styff
Voruss, wenn son e Byse goot,
Ass fascht gaar d Dannen überschloot.
I glaube, iim isch s Wätter rächt.
E männgs Gwicht het er gwääbe nächt.
Jetz glaub i, loot er wiider aa!
Jäjä, er chaas, dä Wäbermaa!

Das ehemalige Kloster Schöntal
bei Langenbruck - Baselland
Ansicht von Südwesten

Brotauflauf

250 g Weissbrot oder Schlumbi
1 Liter Milch
40 g Weissmehl
30 g Butter
5 Eier
Salz, Pfeffer
wenig Muskatnuss
100 g Reibkäse
etwas Butter

Das Brot in Schnäfeli schneiden und in einer Schüssel, mit der Hälfte der Milch übergossen, aufquellen lassen. Die Butter in einer Pfanne erhitzen und das Mehl hineinstürzen. Mit dem Schwingbesen gut verrühren und hellbraun rösten. Die restliche Milch zugeben und unter ständigem Rühren aufkochen. Mit Salz und Pfeffer würzen und einige Minuten leicht kochen lassen. Die weisse Sauce danach etwas abkühlen lassen. Unterdessen das Brot mit den Händen zerreiben und mit der abgekühlten Sauce, dem Eigelb und dem Reibkäse vermischen. Das Eiweiss steif schlagen und sorgfältig unter die Masse heben. Eine Backform mit etwas Butter auspinseln und mit der Brotmasse füllen. Im vorgeheizten Ofen bei 180 Grad ca. 40 Minuten backen. Anschliessend sofort servieren.

Speckkartoffeln

500 g Kartoffeln
250 g Kochspeck
1 Zwiebel
250 g Champignons
1 EL Butter
1 TL Weissmehl
Salz, Pfeffer
1 Lorbeerblatt
1 Gewürznelke
5 dl Bouillon
1 Sträusschen Petersilie

Die Kartoffeln waschen, schälen und in 3 mm dicke Scheiben schneiden. Die Zwiebel fein hacken und den Kochspeck in Streifen schneiden. Danach die Butter in einer Pfanne erhitzen und den Speck darin hellbraun anbraten. Die Zwiebel zugeben und glasig mitdünsten. Dann die Kartoffeln hinzufügen und ebenfalls kurz mitdünsten. Mit Salz und Pfeffer würzen und mit dem Mehl bestäuben. Das Lorbeerblatt und die Nelke zugeben. Mit der Bouillon auffüllen, bis die Kartoffeln bedeckt sind, und diese zugedeckt auf mittlerer Hitze halb weich kochen. Unterdessen die Champignons waschen und in Scheiben schneiden. Diese den Kartoffeln zugeben und alles zusammen fertig garen. Auf Teller anrichten und mit der frischen, gehackten Petersilie bestreuen.

Fleischkügeli

500 g gehacktes Rind- und Kalbfleisch
1 kleine Zwiebel
1 KL Butter
100 g Weissbrot
Salz, Pfeffer
wenig Muskatnuss
1 Ei
etwas frische Petersilie oder Majoran

Für die Sauce:
1 EL Butter
1 EL Weissmehl
3 dl Kochwasser vom Fleisch
1 dl Vollrahm

Die Zwiebel schälen, fein hacken und in wenig Butter glasig dünsten. Das Weissbrot in Würfeli schneiden und in kaltem Wasser 10 Minuten einweichen. Kräuter fein hacken. Danach das Fleisch, die Zwiebeln, das ausgepresste Brot, die Kräuter, das Ei und die Gewürze in einer Schüssel gut miteinander vermischen.
Aus der Fleischmasse, mit Hilfe von zwei Kaffeelöffeln, Kügelchen formen und diese in kochendes Salzwasser geben. Wenn die Kügelchen obenauf schwimmen, diese herausnehmen und warm stellen.
Für die Sauce die Butter in einer Pfanne erhitzen und das Mehl darin anschwitzen. Die Brühe nach und nach hineinrühren und die Sauce aufkochen. Unter öfterem Rühren einige Minuten leicht kochen lassen und den Rahm hinzufügen. Abschmecken und nach Belieben einige Spritzer Zitronensaft und gehackte Kräuter beigeben. Die Fleischkügeli mit der Sauce mischen und servieren. Dazu Kartoffelstock oder Reis kochen.

Fleisch-Gemüse-Auflauf

500 g Rindshackfleisch
1 Zwiebel
2 EL Tomatenpüree
2 Tomaten
1 EL Erdnussöl
Salz, Pfeffer
1 dl Rotwein
5 dl helle Bouillon
einige frische Kräuter
500 g Kürbis
500 g Zucchetti
1 dl Vollrahm
50 g Reibkäse
etwas Butter für die Form

Die Zwiebel schälen und fein hacken. Das Erdnussöl erhitzen und die gehackte Zwiebel darin glasig dünsten. Das Fleisch zugeben und mitbraten. Würzen und das Tomatenpüree zugeben. Gut vermischen und ebenfalls mitdünsten. Mit dem Wein ablöschen und mit der Bouillon auffüllen. Das Fleisch auf kleiner Hitze weich kochen. Kurz vor Schluss die fein gehackten Kräuter hinzufügen. Unterdessen den Kürbis schälen, entkernen und in dünne Streifen schneiden. In kochendes Salzwasser geben, einmal aufkochen lassen, herausnehmen und beiseite legen. Die Zucchetti gut waschen und in dünne Scheiben schneiden. Anschliessend eine Gratinform mit Butter ausstreichen und das Fleisch, die Zucchetti und den Kürbis lagenweise einschichten. Mit dem Rahm übergiessen und den Käse darüber verteilen. Im vorgeheizten Backofen bei 180 Grad 25 Minuten backen. Das Hackfleisch sollte leicht flüssig sein, damit der Auflauf nicht zu trocken wird.

Apfeltorte in der Form

12 Boskoop-Äpfel
1 EL Butter
120 g Zucker
4 EL Sultaninen
3 Schlumbi
3 Eier
2 EL Maizena
1 dl Milch
wenig Zimt
etwas Butter für die Form

Die Äpfel waschen und schälen. Anschliessend vierteln, das Kerngehäuse entfernen und die Viertel in dünne Scheibchen schneiden. Die Butter in einer Pfanne erhitzen und die Apfelscheibchen mit der Hälfte des Zuckers zugedeckt, auf kleiner Hitze, weich dünsten. Die Scheibchen sollten nicht zerfallen. Danach die Sultaninen dazugeben und das Ganze zur Seite stellen und erkalten lassen. Unterdessen eine feuerfeste Gratinform mit etwas Butter auspinseln und mit dünnen Schlumbischeibchen auslegen. Die erkalteten Apfelscheibchen darin verteilen. Das Maizena in der kalten Milch auflösen, die Eier, den restlichen Zucker sowie den Zimt zugeben und alles gut vermischen. Die Masse über die Apfelscheibchen verteilen und die Form im vorgeheizten Backofen bei 180 Grad 20–25 Minuten backen. Die Apfeltorte sollte eine goldgelbe Kruste haben. Noch lauwarm oder kalt servieren.

November

Gebrannte Creme

9 dl Milch
1 dl Wasser
30 g Maizena
150 g Zucker
2 frische Eier
2 dl Vollrahm

In einer grossen Schüssel die Eier mit 50 g Zucker schaumig rühren. Den restlichen Zucker in einer Pfanne hellbraun rösten. Ist der Röstgrad erreicht, sofort das Wasser beigeben und auf kleiner Hitze kochen lassen, bis sich der Zucker vollständig aufgelöst hat. Danach die Milch beigeben und aufkochen. Das Maizena in wenig kalter Milch auflösen und der kochenden Milch zugeben. Unter ständigem Rühren 1–2 Minuten kochen lassen. Die Creme sorgfältig unter die Ei-Zucker-Masse rühren und zugedeckt im Kühlschrank erkalten lassen. Den Vollrahm steif schlagen und unter die erkaltete Creme mischen. Mit frischen Früchten garniert servieren.

Äinisch

Es Stoibli isch is Aug mr choo!
Und duet mr wee, as nüt esoo.
I rybe, rybe mit dr Hand:
S dringt wyter yne, s Stöibli Sand!

I süüfzge: Wee! Und stöönen: Ach!
Und d Drääne chöme, wen e Bach.
Si schwemmes uuse notisnoo,
Das Stäubli, wo is Aug isch choo!

I wirden äinisch luter gsee!
Und äinisch duet kä Staub me wee!
Drum will i waarte still,
So lang as halt dr Heerrgott will!

Schloss Zwingen

Kaninchenpfeffer

1 kg Kaninchenfleisch (Chüüngeli)
1 Zwiebel
1 Zweig frischer Rosmarin
Salz, Pfeffer
1 EL Butter
1 EL Weissmehl

Für die Beize:
6 dl Rotwein
2 dl Rotweinessig
4 dl Wasser
4 Lorbeerblätter
2 Gewürznelken
1 EL ganze Pfefferkörner
1 grosse Zwiebel
2 Rüebli
einige Petersilienstiele

Das Kaninchenfleisch in grosse Würfel schneiden. Alle Zutaten für die Beize zusammen gut vermischen (die Rüebli waschen, die Zwiebel schälen und beides in kleine Würfel schneiden). Das Fleisch hinzufügen, es sollte ganz von der Beize bedeckt sein. Das Ganze zugedeckt 2 Tage im Kühlschrank stehen lassen. Danach durch ein Sieb in eine Schüssel abgiessen und das Fleisch gut abtropfen lassen. Die Zwiebel schälen und fein hacken. Die Butter in einer Pfanne erhitzen und das Fleisch kräftig anbraten, die Zwiebeln zugeben und mitdünsten. Würzen, mit dem Mehl bestäuben und dieses ebenfalls leicht mitdünsten. Anschliessend mit der gesiebten Beize auffüllen. Den Rosmarinzweig zugeben und 30–40 Minuten auf kleiner Hitze leicht kochen lassen, bis das Fleisch weich ist. Ist die Sauce zu dünn, mit etwas angerührtem Maizena abbinden oder einkochen lassen. Nach Belieben Speckwürfeli mitkochen und den fertigen Pfeffer mit Rahm verfeinern. Zum Kaninchenpfeffer Bratkartoffeln, Spätzli oder Kartoffelstock servieren.

Dörrfrüchtekompott

250 g Zwätschge gedörrt
250 g Aprikosen gedörrt
4 dl Wasser
1 dl Rotwein
150 g Zucker
1 Orange
1 Zimtstängel
1 Vanillestängel

Von der gewaschenen Orange die Schale mit einer Raffel fein abreiben und den Saft auspressen. Den Saft mit dem Wasser, dem Rotwein, dem Zucker, der Orangenschale, dem Zimtstängel und dem halbierten Vanillestängel aufkochen. Die Dörrfrüchte in eine Schüssel geben und die kochende Flüssigkeit darübergiessen. Die Früchte sollen von der Flüssigkeit bedeckt sein. Das Ganze auskühlen lassen und zugedeckt im Kühlschrank 1–2 Tage ziehen lassen. Das Kompott zu Fotzelschnitten oder Reisköpfli oder lauwarm mit Vanilleglace oder Rhabarberparfait servieren.

Dezember

Ammler Zimtstängel

4 Eier
500 g Zucker
250 g Haselnüsse
1 KL Zimt
1 EL Baselbieter Kirsch
2 EL Kakaopulver
1,8 dl Vollrahm
½ Päckli Backpulver
500 g Weissmehl

Für diese Ammler Dessertspezialität die Eier zusammen mit dem Zucker schaumig rühren. Die Haselnüsse, den Zimt, den Kakao, den Baselbieter Kirsch und den Vollrahm unter die Eier-Zucker-Masse rühren. Zuletzt das Backpulver und das Weissmehl dazugeben und gut daruntermischen. Den Teig einige Stunden im Kühlschrank ruhen lassen.

Danach den Teig, auf Kristallzucker, in 2 cm dicke Rollen auswallen und diese in 5 cm lange Stücke schneiden. Auf einem mit Backtrennpapier belegten Backblech ausbreiten und im vorgeheizten Ofen bei 180 Grad während 10 Minuten backen. Die Zimtstängel sollen innen noch feucht sein.

Haferflockenkuchen

150 g Haferflocken
3 dl Milch
100 g Weissmehl
150 g Zucker
2 TL Kakao- oder Schoggi-
pulver
½ TL Zimt
1 Zitrone, Schale
100 g Sultaninen
1 Päckli Backpulver

Die Milch mit den Haferflocken vermischen und 2 Stunden aufquellen lassen. Danach den Zucker, das Kakaopulver, den Zimt, die fein geriebene Zitronenschale, die Sultaninen, das gesiebte Mehl und das Backpulver zugeben. Alles gut zu einem geschmeidigen Teig verarbeiten. Eine Tortenform mit Butter auspinseln und mit Mehl bestäuben. Im vorgeheizten Backofen bei 180 Grad ca. 50 Minuten backen.

Dezember

Plattenmus

7 dl Milch
80 g Hartweizengriess
100 g Zucker
4 Eier
1 Zitrone, Schale
wenig Butter für die Form

eventuell einige Beeren

Die Milch aufkochen und den Griess hineingeben. Unter öfterem Rühren einige Minuten kochen lassen und zugedeckt auskühlen lassen. Danach die Eier mit dem Zucker und der fein abgeriebenen Zitronenschale gut verrühren und unter die Griessmasse mischen. Eine flache Gratinform mit Butter auspinseln und die Masse hineinfüllen. Im vorgeheizten Backofen bei 180 Grad backen, bis das Plattenmus fest ist. Nach Belieben können gezuckerte Beeren auf dem Boden der Gratinplatte verteilt werden. Ein Dessert für kühle Winterabende.

Honigkuchen

100 g Honig
200 g Butter
100 g Zucker
3 Eier
1 KL Zimt
1 Prise Salz
etwas Nelkenpulver
225 g Weissmehl
2 KL Backpulver

Die Butter zusammen mit dem Zucker schaumig rühren. Den Honig im Wasserbad erwärmen, bis er flüssig ist, und in die Butter-Zucker-Masse rühren. Anschliessend ein Ei ums andere daruntermischen. Das Mehl mit dem Backpulver sieben und mit den restlichen Zutaten zum Teig mischen. Diesen in eine ausgebutterte und mit Mehl bestäubte Cake- oder Ringform füllen. Den Honigkuchen im vorgeheizten Ofen bei 180 Grad 40 Minuten backen. Zur Abwechslung können dem Teig auch einige grobgehackte Walnüsse zugegeben werden.

Dää

Dää, won am Himmel alli Stäärnli länkt
Und uf dr Äärden alli Blüemli dränkt,
Wo jedem Dierli git sys dääglig Broot,
Wo d Stilli syn isch und dr Stuurm, wo goot.
Wo s Meer vrhebt, ass nid daarf über s Land,
Dää het au öisi Fääden i dr Hand.

im Oberbiel s' Reigoldswil

P. Ettlin
Februar 96

Inhalt

A	Ammler Zimtstängel	88
	Äpfel im Schnee	14
	Apfel-Kürbis-Mus	42
	Apfeltorte in der Form	83
B	Bärlauchkäsewähe	22
	Baselbieter Cordon bleu	61
	Binninger Schnitte	63
	Boskoop-Gratin	13
	Brotauflauf	79
C	Champignonsplätzli mit Brennnessle	31
D	Dörrfrüchtekompott	87
	Drüübelichueche	54
	Drüübelilikör	58
E	Erbsensuppe	11
	Erdbeerschnitten	43
	Essigzwätschge	60
F	Fleisch-Gemüse-Auflauf	82
	Fleischkügeli	81
G	Gebrannte Creme	84
	Gedeckter Kohlauflauf	74
	Gelbe Rüben	18
	Geschnetzeltes an Rhabarbersauce	32
	Grünkernmehlkugeln	53
H	Hackbraten	68
	Häärtöpfelspätzli	62
	Haferflockenkuchen	89
	Hagebuttenkompott	64
	Holunderblütensirup	56
	Holundersirup	57
	Honigkuchen	91
K	Kaninchenpfeffer	86
	Kirschenküchlein	50
	Kirschensuppe	47
	Kirschwassercreme	51
	Kohlrabisalat	29
	Kürbiskompott	44
	Kürbiskonfi	45
	Kürbis-Mohn-Spätzli	40
	Kürbissuppe	66
L	Lauchquiche mit Mohn	17
	Linsensuppe mit Rauchwurst	16
	Löwenzahngemüse	26
M	Maiskuchen	70
P	Pikante Häärtöpfel	67
	Plattenmus	90
	Pouletbrust mit Löwenzahnfüllung	25
Q	Quittenkompott	75
	Quittenrösti	73

	Quittenschaum	76
	Quittentaschen	77
R	Reisköpfli	55
	Rhabarberomelette	33
	Rhabarberparfait	34
	Rhabarbersulze	37
	Rhabarbertorte	36
	Roggen-Dinkel-Brot	39
	Rollgerstenküchlein	48
	Rübeneintopf	20
S	Schweinefleisch mit Häärtöpfel	69
	Schweinefleischrollen	49
	Speckkartoffeln	80
	Spinatdinkelküchlein	24
T	Trauffele	27
U	Überbackene Mirabellenwähe	41
V	Vanille-Rhabarber-Köpfli	35
	Vogelheu mit Quittenwürfeli	72
	Vollkornomeletten mit Bärlauchfüllung	23
W	Weisskohl mit Speck	12
	Wildkräuterwähe	30
	Wirsing mit Speck	19

Bildernachweis

René Rüfenacht: Foto Seite 7
Peter Rüfenacht: alle weiteren Fotos
Peter Ettlin: alle Bleistiftzeichnungen

Gedichte:

Hans Gisin: alle Gedichte
Aus dem Buch: «Am Wääg noo», erschienen 1999 J. Schaub-Buser AG, Sissach